970

LA
LETTRE IMPÉRIALE

LES CHEMINS DE FER

ET

LES VOIES NAVIGABLES

« Un des plus grands services est de faciliter le
» transport des matières de première nécessité pour
» l'agriculture et l'industrie ; à cet effet, le ministre
» des travaux publics fera exécuter le plus promp-
» tement possible les voies de communication, ca-
» naux, routes et chemins de fer, qui auront surtout
» pour but d'amener la houille et les engrais sur
» les lieux où les besoins de la production les ré-
» clament, et il s'efforcera de réduire les tarifs en
» établissant *une juste concurrence entre les ca-*
» *naux et les chemins de fer.* »

(Lettre de l'Empereur au Ministre d'Etat.)

PARIS

É. DENTU, LIBRAIRE-ÉDITEUR,

PALAIS-ROYAL, GALERIE D'ORLÉANS, 13

—

1860

LA LETTRE IMPÉRIALE

LES CHEMINS DE FER

ET

LES VOIES NAVIGABLES

Les paroles de l'Empereur, dans sa lettre à S. E. M. le ministre d'Etat, au sujet de la question des transports, ont vivement ému la masse des intérêts qui s'y rattachent et fait renaître, pour ainsi dire, entre les chemins de fer et les voies navigables la question de concurrence, qui semblait, il y a peu de jours encore, résolue au plus grand bénéfice des voies ferrées.

Sans prétendre préjuger les résultats qui se produiront et qui dépendront de la proportion dans laquelle les tarifs sur les canaux et rivières seront définitivement réduits, il est permis dès aujourd'hui d'affirmer qu'un avenir brillant est réservé à la navigation intérieure, soit par les fleuves, soit par les canaux. On est d'autant plus fondé à concevoir à cet égard des espérances légitimes, que, sur plusieurs lignes importantes, la batellerie s'est maintenue dans le voisinage des voies ferrées, alors qu'elle avait contre elle les frais onéreux de la navigation sur les canaux ou l'imperfection des travaux dans

le réseau entier des voies navigables. A l'appui de cette assertion, il faut citer en premier lieu la ligne de Paris à Rouen et
au Havre, celle de Paris à la frontière du Nord, soit vers
Lille, soit vers Mons et Charleroy; celle du canal des Ardennes, du canal de la Marne au Rhin, et enfin la ligne navigable de Cette à Bordeaux. Si, dans diverses circonstances, les
entreprises organisées se sont trouvées dans la nécessité de
réduire ou même de cesser leurs services, il faut en attribuer la
cause aux motifs que nous venons d'indiquer, et en outre à la
désorganisation de l'industrie voiturière depuis l'établissement
des voies ferrées; enfin, et principalement, à la concurrence des
chemins de fer, qui, en plusieurs cas, s'est exercée d'une manière plus habile que loyale.

Il importe d'autant plus d'insister sur ce point, et de mon-
trer combien la batellerie intérieure peut rendre de grands
services, que le pays est on ne peut plus mal édifié à ce sujet.
En effet, sauf quelques personnes qui ont pu se faire à cet égard
une conviction sérieuse, il est d'opinion générale que la navigation intérieure n'existe plus. Les erreurs les plus grossières
sont propagées à cet égard et entretenues par les organes les
plus accrédités dans l'opinion publique. C'est ainsi que, récemment encore, un journal fort répandu annonçait qu'il ne
fallait pas moins de douze jours pour transporter par la voie
d'eau les marchandises du Havre à Paris, tandis que le chemin
de fer n'employait que dix-huit heures. La proposition inverse
se rapprocherait beaucoup plus de la vérité.

Pour établir nos affirmations d'une manière irréfutable, il
suffira d'appeler l'attention sur quelques voies navigables en
concurrence avec les chemins de fer. Du sort et de l'attitude
de la batellerie dans le passé, nous pourrons pronostiquer son
avenir.

La Compagnie de l'Ouest, sur la ligne de Paris à Rouen et
au Havre, a été impuissante contre la batellerie. Après de grands

sacrifices, dont elle seule a le secret, elle se voit dans la nécessité de laisser exister, à son grand détriment, deux Compagnies de batellerie à vapeur transportant à des prix et délais
inférieurs à ceux du chemin de fer. Bien plus, malgré les facilités qu'offre le chemin de ceinture pour tout le transit de Paris, malgré la désorganisation de la batellerie, la rivalité et le
défaut d'entente entre les divers transporteurs par eau, une
grande partie des marchandises, telles que les épiceries, bois de
teinture, denrées coloniales, laines, huiles, riz, etc., en provenance du port du Havre et en destination de l'Est de la France,
lui est enlevée par divers services à vapeur aboutissant soit
directement à Paris, où elle est réexpédiée à sa destination
définitive par eau ou voie ferrée, soit à Creil, où elle emprunte
le chemin du Nord et parvient ainsi dans le Soissonnais, la
Champagne et les Ardennes.

La Compagnie de l'Est n'a pas été plus heureuse contre la
batellerie quand elle a eu à lutter pour défendre ses points vul-
nérables, tels que Reims et toute la ligne des Ardennes. Les
bateaux à vapeur établis sur le canal des Ardennes, qui par
l'Aisne et l'Oise arrivaient jusqu'à Paris, lui enlevaient toutes
les marchandises dans les deux sens, à ce point que dans un moment le chemin de fer était privé même du transport des marchandises de choix, telles que la draperie, les articles de Reims, vins
de champagne, laines filées. Il est certain que la Compagnie
n'eût pu vaincre cette concurrence, si là, comme dans d'autres
circonstances, la rivalité de deux entrepreneurs de transports
par eau ne fût venue, bien mieux que les tarifs réduits, faire
les affaires du chemin de fer. Aujourd'hui la ligne de Reims
est en partie abandonnée ; cependant, sur la ligne des Ardennes, et bien que depuis peu le chemin de fer ait été pro-
longé jusqu'à Sédan, la batellerie a soutenu la concurrence,
et la Compagnie de l'Est n'ayant pas voulu réduire ses tarifs
pour les marchandises autres que celles de peu de valeur, les
transports au départ ou en destination de Paris sont effectués

par bateaux à vapeur, à des prix bien inférieurs et dans des délais souvent plus courts que ceux du chemin de fer.

Sur la ligne principale du même réseau, la navigation établie fonctionne régulièrement entre Châlons-sur-Marne et Strasbourg, c'est-à-dire partout où la voie d'eau est praticable ; et si le
régime de la Marne était amélioré entre Paris et Châlons (1),
il serait aisé d'établir des services directs de Paris à Strasbourg à
des prix inférieurs de 30 p. 100 environ à ceux du chemin de fer.

Il importe de remarquer que la ligne de navigation de la
Marne et du canal de la Marne au Rhin est latérale à la voie
ferrée, qu'elle dessert les mêmes points jusqu'à Strasbourg et se
prolonge jusqu'à Mulhouse. Malgré le voisinage de la voie ferrée
sur ce long parcours, un service de batellerie organisé dans de
bonnes conditions effectuerait de nombreux transports. Entrepreneurs et transporteurs y trouveraient un profit certain. La
sollicitude de l'Etat pour les intérêts publics ne peut man-
quer dans un bref délai d'amener l'achèvement des travaux entre
Meaux et Châlons. Ce n'est pas là, on peut l'affirmer, un des
moindres soucis de la Compagnie de l'Est (2).

(1) Tout ceci avait été écrit avant le rapport adressé à l'Empereur le 27 février par S. E. le Ministre de l'agriculture, du commerce et des travaux
publics. En lisant ce lumineux rapport, il est facile de constater que désor-
mais le gouvernement veut restaurer la navigation intérieure, et qu'il atta-
che la plus grande importance à son développement. Les travaux de cana-
lisation de la Marne sont désignés parmi ceux que l'Etat veut entreprendre
tout d'abord et qu'il promet de pousser avec la plus grande activité.

(2) L'achèvement des travaux de la Marne entre Paris et Châlons aurait,
on le voit, les résultats les plus décisifs pour les transports à bas prix entre Paris et l'Alsace. On aurait, en outre, l'avantage de mettre le Havre en
communication directe par eau avec tout l'Est de la France. Il en résulterait
inévitablement un abaissement sensible dans les prix de transport. Pour

Les diverses branches du réseau navigable du Nord, qui met Paris en communication avec la Belgique d'une part et les départements de l'Aisne, de la Somme, de l'Oise et du Nord de l'autre, sont, sur plusieurs points de leur parcours, parallèles à la voie ferrée et aboutissent aux principales destinations desservies par le chemin de fer du Nord. Ce sont Charleroy et Mons pour les houilles, et, pour les produits du Nord, Amiens, Abbeville, Saint-Quentin, Cambrai, Douai, Lille et Valenciennes. La Compagnie du chemin de fer avait donc à lutter sur la majeure partie de son réseau contre la batellerie. Nous allons examiner quel a été jusqu'ici sur ce point le résultat de la lutte entre la batellerie et la voie ferrée.

Les difficultés à vaincre par la Compagnie étaient inhérentes à la disposition même de son réseau. Elle rencontrait, d'une part, la concurrence sur la ligne directe de Paris à la frontière de Belgique pour le transport des houilles, tandis que, d'un autre côté, le trafic des produits du Nord pouvait lui être disputé par les diverses voies navigables qui mettent en communication avec Paris les villes de Lille, Valenciennes, Douai, Saint-Quentin, Amiens et Abbeville.

Le transport des houilles entre Mons et Paris s'effectue à peu près aux mêmes conditions soit par la batellerie, soit par le chemin de fer. Sur la voie ferrée, la base est 0 fr. 04 par tonne et par kilomètre environ, soit un prix total de 10 fr. 45 ; le fret par bateau est de 10 fr. 65 (1) par tonne, à la base de 0 fr. 03

n'en citer qu'un exemple frappant, les cotons bruts en balles qui sont actuellement transportés *par tarif réduit* par les chemins de l'Ouest et de l'Est au prix moyen de 70 fr. par tonne de la gare du Havre aux diverses destinations de l'Alsace, pourraient être rendus par eau à peu près dans les mêmes délais, avec une économie de plus de 25 p. 100 dans le prix de transport.

(1) **Bénéfice du marinier compris, 1 fr.**

par tonne et kilom., droits de navigation compris, sur 350 kilom. Si, comme il est permis de l'espérer, les droits de navigation, qui s'élèvent à un peu plus de 4 fr. par tonne pour le parcours total, sont réduits de moitié, il reste un prix de 8 fr. 65 c.; pour descendre à ce prix, le chemin de fer est dans la nécessité de réduire son tarif à 0 fr. 035 par tonne et kilomètre.

La position est la même pour les houilles en provenance de Charleroy.

Dans ces circonstances, que fera la Compagnie du Nord ? Maintiendra-t-elle les prix actuels, dans l'espoir que le commerce consentira à payer, par une surtaxe de 2 fr. par tonne, la différence problématique qu'il accorde aux wagons sur les bateaux ? Cette hypothèse n'est guère admissible, si l'on considére que cette différence de 2 fr. représente 10 p. 100 de la valeur de la marchandise transportée. Elle peut, il est vrai, réduire son tarif à 0 fr. 035 en faisant subir aux prix des chemins belges une réduction proportionnelle, qu'il lui faudrait compenser par l'augmentation des prix perçus dans l'ensemble du réseau sur les marchandises ordinaires. Mais déjà ce tarif était jugé trop élevé par la Compagnie elle-même, ainsi que le prouvent les tarifs d'abonnement, récemment abrogés, pour les sucres bruts et raffinés, les huiles, spiritueux et trois-six en fûts, bières et cidres, lins et étoupes, vins et vinaigres en fûts, fers, fontes, verreries et bouteilles.

Il est facile de constater l'exactitude de ce qui précède au point de vue où nous sommes placé. D'après cela on devrait conclure que la Compagnie du Nord, si elle est privée du transport des houilles, en éprouvera un dommage sensible. Toutefois, d'après des renseignements récemment publiés, on serait autorisé à penser que le bénéfice de la Compagnie sur ces transports est fort restreint, en supposant même qu'il existe. La

Compagnie, en se résignant à perdre cette branche de son trafic, aurait peut-être à constater, après une certaine expérience, qu'elle n'aura de ce chef éprouvé de dommage, et peut-être même qu'elle aura réalisé certaines économies.

La seconde ligne de navigation du Nord touchait à des intérêts plus sérieux. La Compagnie avait à défendre ses points les plus importants ; la batellerie la suivait partout : au départ de Paris pour Amiens et Abbeville, sur toutes les destinations du Nord jusqu'à Lille et Calais ; elle lui enlevait même les transports intermédiaires entre Saint-Valery, Abbeville, Amiens et Saint-Quentin d'une part, et Douai, Arras, Lille et Valenciennes de l'autre. Ce côté de la question était d'autant plus important pour la Compagnie, qu'il s'agissait aussi bien du transport des houilles que des marchandises ordinaires, telles que les sucres, huiles, vins, vinaigres, spiritueux, bières, fers, produits chimiques et épiceries communes. La Compagnie a conjuré ce danger par ses tarifs d'abonnement, qui dégrèvent les marchandises d'environ deux centimes par tonne et par kilom. Malgré ces mesures, il existait encore, il y a peu de temps, un service accéléré à vapeur de Paris à Lille, Valenciennes, Amiens, etc.; et de son côté la batellerie des canaux intermédiaires du Nord résistait aux conditions fâcheuses dans lesquelles elle se trouve dans la plupart des cas. Aujourd'hui, la Compagnie Meunier a dû liquider, pour des causes étrangères à son service; la batellerie accélérée du Nord se soutient encore, et attend avec confiance la nouvelle vie que lui promet le programme impérial. Qui peut, en effet, douter du beau rôle qui lui est réservé, lorsque la réduction des droits de navigation viendra compléter le *veto* donné à la Compagnie du chemin de fer d'accaparer les transports par avance et à l'année au moyen des tarifs d'abonnement (1). C'était là, il n'y a pas à s'y tromper, une des difficultés qui pesaient

(1) Les tarifs d'abonnement sont supprimés sur le réseau des chemins de

le plus lourdement sur la batellerie. Pour échapper, en effet, et plus spécialement en hiver, aux chômages forcés des canaux, le négociant qui voulait s'assurer un prix maximum uniforme, inférieur cependant au tarif général, devait signer le tarif d'abonnement et se trouvait les mains liées alors que la navigation, revenue à des conditions normales, lui offrait pour les transports des prix inférieurs à ceux du chemin de fer. Dorénavant, soit que la Compagnie convertisse ses tarifs d'abonnement en tarifs spéciaux accessibles à tous sans condition, soit qu'elle relève ses prix aux conditions du tarif général, la batellerie pourra sans désavantage lutter contre la voie ferrée.

L'expérience la plus complète des ressources de la batellerie a été faite par la Compagnie des chemins de fer du Midi sur la ligne de Bordeaux à Cette. Là, en effet, la voie ferrée et la voie navigable, parallèles d'une mer à l'autre, sur une longueur d'environ 500 kilom., allaient, dans leur lutte nécessaire, révéler leur faiblesse ou leur vitalité relatives.

Au moment de l'établissement du chemin de fer, la batellerie intermédiaire et la batellerie de transit étaient assez fortement organisées. Bien que ces entreprises ne fussent pas fondées sur de grands capitaux, elles étaient prospères, et réalisant des profits considérables, elles semblaient envisager sans crainte la lutte prête à commencer.

Elle ne tarda pas à s'engager. Lors de l'ouverture de l'exploitation de la ligne entière de Bordeaux à Cette, la ba-

---

fer français à partir du 1er avril. Que vont faire les Compagnies privées de cette arme de guerre au moment où la concurrence va renaître ?

La suppression des tarifs d'abonnement est signalée par le rapport de Son Ex. comme une des conditions les plus favorables au développement de la batellerie. Mais est-ce là tout ?

tellerie transportait à raison de 18 à 20 fr. p. 1000 kil. de Cette à
Bordeaux (descente), et, de Bordeaux à Cette (remonte), au
prix de 20, 22 à 24 fr., ce qui, ramené au parcours du chemin
de fer, donnait un prix moyen de 0f.045 par tonne et par kilomètre (1), pour la presque totalité des marchandises à transporter, c'est-à-dire les vins, spiritueux, alcools, trois-six, huiles,
denrées coloniales, grains, graines, sels, poterie, verrerie,
machines et tabacs. A cette même époque, la Compagnie du
chemin de fer du Midi percevait à son profit le péage sur le
canal latéral, dont les tarifs, fixés par l'Etat dans la loi de
concession, étaient de 0 fr. 03 c. à la remonte et de 0 fr. 02 c. à
la descente, pour les marchandises dont nous avons déjà parlé.
La portion du canal de Toulouse à Cette, dite Canal du Midi,
était entre les mains d'une Compagnie privée, administrée en
ce moment encore par les descendants de Riquet. Dans son
intérêt bien entendu, la Compagnie du canal du Midi avait
établi un droit fort réduit, comparativement à son tarif légal,
pour toutes les marchandises de transit, c'est-à-dire allant de
l'Océan à la Méditerranée, et *vice versa*. De plus, la jouissance
de ces prix réduits avait été étendue à tous les ports situés sur
le canal, entre Cette et le Somail. Le tarif de transit était de
0 fr. 06 c. pour les laines peignées, tissus, cotons non pressés,
meubles; mais, ainsi que nous l'avons dit plus haut, la taxe était
de 0 fr. 025 pour les marchandises formant la masse des trans
ports; enfin, elle s'abaissait à 0 fr. 02 c. pour les marchandises pondéreuses. Le total des droits à payer s'élevait donc
pour les vins, huiles, etc., à 12 fr. de Cette à Bordeaux.

Dès le début de la lutte, la chute prochaine et décisive de
la batellerie fut annoncée au nom du chemin de fer, avec
force promesses de profit aux actionnaires. Les auteurs de ces
illusions étaient sans doute de bonne foi, mais il fallut, au bout

---

(1) Tous frais compris, ainsi que le bénéfice du transporteur.

de peu de temps, revenir à la réalité. Il fut nécessaire d'avouer que, de Cette à Bordeaux, les tarifs réduits et les facilités de la navigation rendaient la concurrence impossible au chemin de fer.

Il est vrai que, pendant cette période de lutte, l'administration du canal du Midi, à laquelle se rattachaient les intérêts les plus recommandables, voyait ses revenus diminuer d'une manière significative. Mais ce fait, résultat inévitable de toute concurrence, n'atténue en rien ce que nous voulons établir, à savoir qu'à cette époque le chemin de fer était aux abois, tandis que les entrepreneurs de transport par eau sur le canal continuaient à réaliser de larges bénéfices.

Alors il fallut aviser, et puisque, cette fois du moins, on ne pouvait ni vaincre, ni ruiner la batellerie, il devenait nécessaire de composer, sauf à faire payer ensuite au commerce les frais de l'arrangement.

Le traité intervenu entre les propriétaires du canal du Midi et la Compagnie, eut pour résultat l'abolition du tarif de transit pour la majeure partie des marchandises, et dès lors, par suite du rétablissement du tarif légal, la navigation devenait impossible. En même temps, la Compagnie des chemins de fer du Midi dégrevant de 0 fr. 01 c. par tonne et par kilomètre le parcours relativement moins productif de Cette à Toulouse, élevait de 0 fr. 01 c. par tonne le tarif entre Toulouse et Bordeaux, afin de frapper plus aisément la batellerie locale et se ménager les moyens de faire concurrence aux bateliers du Lot et de la Baïse. Dans le rapport présenté à l'assemblée des actionnaires en 1858, la réduction accordée de Toulouse à Cette est représentée comme compensant largement l'augmentation imposée entre Toulouse et Bordeaux. C'est une affirmation dont les parties intéressées peuvent apprécier la valeur et qu'il eût été plus sage de ne pas hasarder, toutes les mesures qu'elle prétend justifier ayant reçu l'approbation du gouvernement.

Aujourd'hui la batellerie qui n'est pas à la solde de la Compagnie est désorganisée et ruinée. Il est vrai que, pour certaines marchandises dont le trafic est à créer, comme l'usage et la vulgarisation sur le marché de Bordeaux des sels de la Méditerranée, la Compagnie a établi de nouveaux droits de transit très réduits, qui ont procuré à la batellerie la compensation d'un trafic nouveau ; mais il n'est pas moins certain qu'en ce moment le prix du transport, qui était en moyenne de 22 fr. pour les marchandises usuelles telles que les vins, spiritueux, vinaigres, savons, huiles, denrées coloniales, drogueries, produits chimiques, entre Bordeaux d'une part, et Cette, Agde, Narbonne, Béziers et la Nouvelle de l'autre, et réciproquement, s'élève aujourd'hui à 35 fr.; et qu'entre Bordeaux et Marseille, Beaucaire et Arles le nolis est de 45 fr., tandis que les bateliers transportaient couramment au prix moyen de 32 à 34 fr. C'est au commerce à payer la différence.

Passons à la ligne de la Méditerranée. Les transports par eau de Paris à Lyon peuvent être exécutés dans de bonnes conditions de célérité et de bon marché.

Le chemin de fer reçoit en moyenne 40 fr. par tonne de gare en gare de Paris à Lyon pour les marchandises usuelles, sauf les vins qui sont transportés à raison de 25 fr. 50 par tonne. Nous avons pris pour moyenne le prix de la 3e série du tarif des chemins de fer, soit pour 582 kilom. 0 fr. 08 par tonne et par kilom. Le délai réglementaire est de sept jours. Dans les données actuelles, il est facile d'établir un service, par bateaux à vapeur porteurs ou simplement remorqueurs, qui pourrait rendre à Paris les marchandises à raison de 25 fr. par tonne au maximum et dans le délai de huit jours.

Les immenses transports effectués sur la Saône et le Rhône pourraient être effectués dans des conditions analogues avec diminution de 25 p. 100 environ sur les prix ordinaires du chemin de fer. Nous ne parlerons que pour mémoire de la réduction considérable de frais que subiraient les prix des marchandises circulant entre le Midi, Lyon et l'Alsace, et réciproquement. Le prix moyen du chemin de fer est de 41 fr.; celui de la navigation de 33 fr. Il est facile de calculer la somme énorme que cette différence, multipliée par le tonnage des marchandises, coûte annuellement au commerce et à l'industrie.

Tel est aujourd'hui l'état de la question. La batellerie a prouvé qu'il lui était possible de disputer aux chemins de fer le transport, non-seulement des matières pondéreuses, mais même des marchandises appelées usuellement marchandises de roulage, qui représentent spécialement les produits manufacturés. Ce qu'elle a pu faire dans le passé, écrasée par les tarifs onéreux de la navigation, est une garantie pour l'avenir. Il reste à savoir dans quelle mesure doivent être employées ces deux grandes forces antagonistes : la voie ferrée et la voie navigable ; et quel sera le moyen d'utiliser ces deux industries rivales pour les faire concourir, chacune dans sa mesure, à la grandeur et à la prospérité du pays.

Quel sera donc le sort des Compagnies de chemins de fer ? Il n'y a pas à en douter, leurs revenus baisseront, pour un certain temps du moins. Il ne peut être ici question d'envisager des moyens termes, d'attribuer, par exemple, aux canaux les transports à bas prix des matières premières, pour laisser aux chemins de fer, qui s'en contenteraient bien sans doute, le monopole des produits manufacturés. Ce serait méconnaître les droits de l'industrie et du commerce aux transports à bas prix, alors surtout que la batellerie a prouvé qu'il lui était facile, dans bien des occasions, d'accorder célérité égale, à moins de frais.

Peut-être pour les Compagnies le remède naîtra-t-il du mal lui-même ; voici comment : Le prix moyen de leurs transports oscille en ce moment entre 6 c. et 7 c. Ce chiffre est produit par le grand nombre des transports à bas prix : plus ils sont considérables, plus le prix moyen du transport doit baisser, quelle que puisse être d'ailleurs l'importance du tonnage des marchandises ordinaires. Nous citerons pour preuve à cet égard les moyennes respectives du Nord et de l'Ouest pour 1858. Sur la première de ces deux lignes, le tarif moyen perçu est de 0 fr.067 par tonne et par kilomètre, tandis qu'il est de 0 fr. 08 par tonne et par kilom. sur la seconde; et cependant le produit kilométrique total de la petite vitesse est de 35,000 fr. par an pour le Nord et de 15,000 fr. environ seulement à l'Ouest. Au premier abord ce résultat paraît inexplicable, mais en regardant de plus près, il est facile de s'en rendre compte. En effet, en 1858, sur une longueur moyenne exploitée de 891 kilomètres, le chemin du Nord a transporté 3 millions de tonnes, dont la moitié au moins au tarif moyen de 0 fr. 0948 par tonne et par kilomètre; ce qui lui laisse une latitude bien suffisante pour transporter environ 1,500 mille tonnes de houille à 0 fr. 0392 par tonne et par kilomètre. On voit donc que, loin d'être inférieure à celle du chemin de l'Ouest, la taxe moyenne du Nord lui est supérieure.

De son côté, le chemin de l'Ouest, pendant la même période, a transporté environ 1,600,000 t., sur une longueur moyenne exploitée de 1,198 k. ; dans cette quantité la houille et le coke ne figurent que pour 230,000 t. seulement, fort heureusement pour la Compagnie de l'Ouest, car autrement cette augmentation de transports se fût changée pour elle en un abaissement de taxe moyenne. De tout ce qui précède, il résulte que les Compagnies ne peuvent transporter certains produits à très-bas prix qu'à condition de percevoir pour les autres des tarifs exagérés.

Mais hâtons-nous d'abandonner ces sophismes que l'on présente chaque année au public sous le nom de résultats statistiques, et qui n'ont d'autre résultat que de propager des erreurs grossières sous le manteau de la vérité mathématique ; et voyons ce que ces immenses transports à tous tarifs résumés en une moyenne quelconque peuvent donner de bénéfices aux Compagnies.

Dans la nature des transports opérés, il y a une distinction à établir, et qui est faite du reste par tout le monde, c'est celle des marchandises fines et des objets pondéreux, ou si l'on veut, des produits manufacturés et des matières premières. Les Compagnies de chemin de fer ont, de tout temps et aujourd'hui plus que jamais, visé à monopoliser ces transports de nature si diverse. Dans le premier cas, elles n'ont eu, le plus souvent, qu'à percevoir le tarif plus ou moins élevé que leur concède le cahier des charges, tandis que, d'un autre côté, le tarif était réduit dans de très fortes proportions, afin d'accaparer les transports que la base élevée de la dernière classe du cahier des charges immobilisait entre les mains de la concurrence. Il est facile de résumer les faits en quelques mots : les tarifs des chemins de fer sont ou des tarifs oppresseurs, ou des tarifs de concurrence. On peut l'affirmer sans incriminer directement les intentions de personne ; et, quelle que soit la bonne foi des Compagnies à cet égard, la logique et leur propre intérêt les poussent chaque jour plus fatalement dans cette voie.

Cet état de choses a une double raison d'être dont il faut rapporter l'origine à l'Etat et aux Compagnies.

En restant dans les limites de la discussion la plus modérée, il doit être permis de dire que jusqu'à présent l'État a apporté dans la confection des cahiers des charges imposés aux chemins de fer une inexpérience profonde. Reconnaissons-le, toutefois, il ne peut être question ici, ainsi qu'on a paru le craindre, d'un parti pris de favoriser les Compagnies. Non certes, l'Administration tâtonne ; aussi tantôt elle reste en deçà du but et tantôt elle le dépasse. Est-il bien surprenant, au reste, que l'Etat soit si peu au courant de la question alors que, parmi les hommes du métier, quelques-uns à peine ayant pu ou voulu observer ce qui se passe autour d'eux pour en tirer des déductions logiques, sont restés à la solde des Compagnies, au sein desquelles ils font loyalement leur devoir en défendant les intérêts particuliers qui leur sont confiés, contre l'Etat inexpérimenté, stipulant au nom de tous.

Au reste, il faut reconnaître que cette ignorance est à peu près générale. Tandis que tout ce qui a rapport à l'industrie des chemins de fer, que les diverses spécialités qui s'y rattachent agrandissaient de jour en jour, le champ de leurs observations et perfectionnaient leurs procédés ; tandis que le corps des ponts et chaussées, laissant aux ingénieurs civils le matériel et la traction, se réservait l'étude des tracés, la construction des ouvrages d'art et le haut bout de l'exploitation, l'industrie voiturière, reléguée sur le second plan, n'apparaissait que comme accessoire dans cette immense organisation. Dès lors, le but disparaissant devant les moyens, la confusion la plus extraordinaire devenait inévitable. Alors, et tandis que la direction des affaires des Compagnies était livrée aux ingénieurs des ponts et chaussées qui ne pouvaient y appliquer que l'abstraction systématique de leurs études spéciales, on vit le trafic inorganisé, la concurrence faire trembler souvent les puissantes Compagnies, l'ignorance des pratiques usuelles de la manutention et de la connaissance des marchandises jeter l'encombrement et le désordre dans les gares et, par suite, se produire des retards, des soustractions, des avaries, inconnus jusqu'alors dans les annales de l'industrie voiturière. Le tableau que nous traçons n'a rien d'exagéré ; ceux-là seuls parmi les ingénieurs ont acquis une autorité incontestée dans l'exploitation des chemins de fer qui, laissant de côté les spéculations et la morgue scientifique, ont osé descendre dans les détails vulgaires et fastidieux de la pratique des affaires. Il leur a fallu apprendre le conditionnement et l'emballage des diverses marchandises, le mode de chargement qui convient le mieux à chacune d'elles, les soins à prendre pour le chargement et le déchargement, se rendre compte des ressources des industries concurrentes, soit par terre soit par eau, et s'initier aux détails ignorés de la profession de voiturier ou d'entrepreneur de batellerie. Nous ne craignons pas d'être démenti par les maîtres en affirmant qu'ils ont dû, en mainte occasion, se mêler aux plus obscurs et consulter les plus humbles pour recueillir les enseignements précieux et trop souvent dédaignés de l'expérience.

Aujourd'hui, autant par l'habileté des hommes, que par là force des choses, l'apprentissage des Compagnies est à peu près terminé, et les nombreuses imperfections que l'on peut signaler encore ne sont plus un mystère pour personne. Mais le remède est pire que le mal : les Compagnies n'ont guère profité jusqu'à ce jour, de l'expérience acquise que pour écorcher le patient sans le faire trop crier. Le commerce, à son tour, doit connaître ses intérêts pour ramener les Compagnies à leur véritable but et obtenir les transports à bon marché.

Avant d'aller plus loin, et pour l'intelligence parfaite de ce qui va suivre, il est indispensable de remarquer que nous raisonnons dans les données actuelles de la question, c'est-à-dire, l'Etat intervenant plus ou moins directement dans l'exploitation des chemins de fer. Le moment n'est pas venu d'examiner si l'Etat pourrait ou devrait laisser à l'industrie des transports par voie ferrée la liberté illimitée de tarification. Cette opinion, qui aujourd'hui paraîtra sans doute exagérée, peut, dans certaines hypothèses, être défendue. Nous y reviendrons plus tard.

Les cahiers des charges, imposés aux Compagnies par l'Etat, établissent les bases du tarif applicable aux diverses catégories de marchandises. Le minimum est de 0 fr. 10 c. par tonne et par kilomètre, c'est-à dire, 0,025 à 0,03 au-dessus du prix moyen de transport de toutes les Compagnies. Dans ces derniers temps, l'administration a cru devoir provoquer le déclassement de quelques marchandises, en les assimilant à des marchandises dénommées à une série supérieure. Après de longs pourparlers et une résistance qui s'explique fort bien de la part des Compagnies, certaines modifications ont été admises, d'autres ont été repoussées ; en somme, le public n'y a pas gagné grand avantage. La mesure la plus énergique qui ait été prise à cette occasion consiste dans la suppression des tarifs d'abonnement qui représentaient, sous une forme déguisée, les anciens traités particuliers, interdits depuis deux ans environ.

Telle est donc la situation actuelle. Les cahiers des charges rédigés par l'administration divisent les marchandises en trois classes ; la base kilométrique de la taxe est de 16, 12 et 10 c. Il est donné aux Compagnies une latitude à peu près illimitée pour abaisser leurs prix sans que, en aucun cas, elles puissent rien percevoir en sus du tarif légal. La déduction logique à tirer de ces dispositions est que l'administration, bien édifiée sans doute sur le prix de revient du transport des diverses marchandises par voie ferrée, et tenant compte des soins qu'elles demandent et des risques qu'elles font courir, a pensé, en arrêtant la base des tarifs, avoir laissé aux Compagnies un profit bien déterminé, et que ce n'est qu'à bon escient et pour des raisons majeures, exceptionnelles, d'utilité publique, que par intervalles elle permet aux chemins de fer d'abaisser le prix des transports au moyen d'un tarif spécial. Le vulgaire le croit, le gouvernement le pense peut-être, mais les Compagnies se sont chargées de démontrer l'inanité de ces conceptions. Le prix de revient et le tarif du cahier des charges sont à peine en question quand il s'agit d'abattre la concurrence ; il est censé que le prix de revient est de 0 fr. 03 c. à 0 fr. 035 par tonne et par kilomètre ; quant au tarif du cahier des charges, il n'est que le terme maximum que l'on ne peut, en aucun cas, dépasser, l'expression de l'erreur gouvernementale. Ainsi, au système conçu par l'administration, système faux, il est vrai, puisqu'il a à peine varié depuis l'origine des chemins de fer, les Compagnies ont substitué le système des tarifs de concurrence qui aboutissent à l'oppression. Le résultat du tout est une compensation quelconque, dont, ainsi que nous l'avons déja dit, le consommateur paie les frais.

Le principe des Compagnies a été jusqu'ici de ne tolérer, de près ou de loin, aucune concurrence, quels que fussent les sacrifices auxquels il fallût, en cas semblable, se résoudre. Cette maxime, qui semble être l'axiôme fondamental dans l'exploitation des chemins de fer, comprend les transports dans l'étendue la plus vaste du mot : elle s'applique aussi bien aux bois, aux pierres, aux houilles, aux briques qu'aux produits manufacturés les plus coûteux. Dans l'application il n'est plus question des frais ni du prix de revient, que l'on fait sonner si haut lorsqu'une réduction est réclamée, soit par l'administration, soit par le public. Il ne s'agit plus que de combiner les prix de manière à attirer les transports au chemin de fer. La méthode est simple et presque infaillible, car, à moins de circonstances spéciales comme il s'en est rencontré de Paris à Rouen sur la Seine, l'adversaire est vaincu avant d'avoir lutté. Et quelles entreprises individuelles ne seraient d'avance saisies de désespoir et de découragement, lorsqu'il s'agit de combattre cette masse immobile, inébranlable, irresponsable, qu'on appelle une Société anonyme, être collectif, presque aussi indifférent et insensible à la perte qu'au gain, intérêt immense, impersonnel, servi par des agents pour ainsi dire irresponsables, et de qui les pertes peuvent être dissimulées sur l'étendue d'un réseau entier, et même, s'il est nécessaire, réparties entre les diverses catégories de marchandises qui ne rentrent pas dans le domaine de la concurrence. A moins d'élever autel contre autel, société contre société, ce qui ne constitue qu'un dommage insignifiant pour l'un est la ruine de l'autre. C'est en grande partie par le jeu de ces manœuvres que le tonnage et la recette des chemins augmentent incessamment, et le public bénévole, auquel on présente chaque année des chiffres plus élevés, s'extasie sur la puissance et les bienfaits de cette industrie, sans se douter que, pour une forte proportion, ces transports ont été arrachés à l'industrie privée, qui sans doute ne publiait pas de statistiques, mais qui du moins n'était pas pour le commerce un tyran impassible et implacable. A l'appui de ces observations, nous ne manquerons pas d'exemples, pour le malheur de ceux qui subissent la loi des Compagnies ; nous n'en trouverons que trop. Pas n'est besoin d'une connaissance très-approfondie de la matière à cet égard. On peut, en règle générale, affirmer qu'une Compagnie de chemin de fer ne baisse ses prix, soit par tarif spécial, soit par tarif d'abonnement, que lorsqu'elle se trouve en présence d'une concurrence.

La sauvegarde du public, il faut bien le proclamer ici, réside donc dans la rivalité de l'industrie privée, et surtout de la batellerie qui, à ce titre, a des droits immenses aux sympathies de tous. Ce qui démontre jusqu'à l'évidence ce que nous affirmons, c'est la variété de tarification des produits similaires sur les divers réseaux, selon la pression plus ou moins forte de la concurrence. Il ne sera pas inutile de citer quelques exemples qui confirmeront notre assertion, en la rendant plus palpable.

Au chemin de fer de Lyon les vins, vinaigres, alcools, trois six de toute nature sont taxés comme suit : jusqu'à 100 kil. à 0,08 par tonne et kilom. ; de 100 à 400 kilom., à 0,07 ; au-dessus de 400 à 0,06 et 0,05 pour les expéditions à destination de Paris. D'autre part le tarif d'Orléans fait distinction entre les vins et les eaux-de-vie ; la taxe au-dessous de 300 kilom. est de 0 fr. 09 pour les vins et eaux-de-vie ; et, pour les parcours supérieurs, de 0 fr. 06 pour les vins et de 0,075 pour les eaux-de-vie ; tandis que le Nord tarife à 0,12 les spiritueux et trois six jusqu'à 200 kil., avec diminution de 1 c. pour les parcours supérieurs, et les vins à 0 fr. 10 jusqu'à 250 kilom., avec diminution de 1 c. pour un parcours supérieur. Enfin l'Ouest perçoit, quel que soit le parcours, 0,08 pour les spiritueux et 0,06 pour les vins et vinaigres. Ces mêmes marchandises sont taxées par l'Est au tarif général, c'est-à-dire à 12 et 10 c., excepté pour les expéditions faites de Bar-le-Duc ou de Troyes à destination de Paris, ou d'un point quelconque intermédiaire.

Il suffit de consulter le recueil des tarifs spéciaux de chaque Compagnie pour signaler de pareilles anomalies dans la tarification des grains, graines, farines et céréales, des métaux bruts et ouvrés, des bois de toute nature, pierres, etc.

Ce que nous venons de dire pour les tarifs spéciaux s'applique également, dans la plupart des cas, aux tarifs communs entre compagnies. De plus, en certaines occasions, ces derniers tarifs sont des armes de guerre dont les Compagnies se servent pour s'attaquer entre elles. Nous citerons à ce propos le tarif n° 11, commun aux compagnies de l'Ouest et de l'Est, dont le but principal a été d'adresser au Havre les cotons bruts en provenance de l'Angleterre et à destination de l'Alsace, au détriment de la route de Boulogne, anciennement suivie ; tel est encore le tarif commun Est-Ouest pour le transport des vins de Champagne au départ de Reims et à destination du Havre, pour l'exportation, auquel les compagnies du Nord et des Ardennes ont résisté par la création d'un tarif commun au départ du même point et à destination des ports de la mer du Nord. Il serait superflu d'insister sur ce sujet, il est facile, sans entrer dans des détails où pourraient se trouver mêlées des personnalités, de voir combien est vive la rivalité entre certaines compagnies pour le trafic de certains rayons de leur réseau ; ainsi l'Est (ligne de Mulhouse) et Lyon pour le trafic de la Suisse ; Lyon à la Méditerranée contre le Midi et l'Orléans pour les vins du Bas-Languedoc ; Orléans et l'Ouest pour tout ce qui touche le trafic de la région comprise entre Chartres, le Mans, Orléans et Tours. On a dû, en pareille occasion, transiger, et par des lignes imaginaires tracées sur les cartes, faire le partage du trafic entre les prétendants ; mais s'il faut en croire certaines rumeurs, la guerre, pour être sourde, n'en est que plus meur-

trière, et l'on sait que, par des consignataires secrètement sub-
ventionnés, il est facile de déroger à l'esprit des traités en restant fidèle à la lettre.

Ainsi donc, oppression du public par les compagnies toutes
les fois que le monopole peut être exercé; écrasement de la
concurrence par les réductions de tarifs momentanées; lutte
enfin des compagnies entre elles pour s'arracher le trafic des
contrées voisines des divers réseaux, tel est aujourd'hui l'é-
tat normal d'exploitation des chemins de fer. On a peine à concevoir qu'après les longues années écoulées depuis l'ouverture
des principales lignes, après les soins et les efforts de l'Etat
en tout ce que touche la question des chemins de fer, nous
assistions encore au spectacle de cette anarchie. Nous inclinons
du moins à penser qu'en grande partie ces abus peuvent être
corrigés et les Compagnies ramenées dans une voie plus con-
forme aux intérêts et aux besoins de tous.

La solution de cette difficulté sera fournie par les Compagnies elles‑mêmes. D'après les comptes qui sont publiés
chaque année, le coût moyen de la traction sur les chemins de
fer est de 0 fr. 0375 par tonne et par kilomètre. Le décompte
de ce résultat peut s'établir comme suit :

Nord. — Dépense moyenne d'un train par kilomètre de parcours.

Administration centrale.	0 fr.	123
Exploitation.	0	720
Traction et entretien du matériel. . . .	1	011
Voie et bâtiments.	0	403
Total. . .	2 fr.	257

Or, sur le Nord, la charge moyenne d'un train étant de

107 tonnes et le parcours moyen de 150 kilom., il en résulte que le prix de la traction est de 0 fr. 021 par tonne et par kilom. En ajoutant à ce chiffre l'intérêt et l'amortissement du capital et les sommes remboursées à l'Etat, nous resterons au-dessous de la vérité en fixant le prix réel de revient par tonne et par kilom. à 0 fr. 045.

Lyon. — Dépense moyenne d'un train par kilomètre de parcours.

Frais généraux de l'exploitation. . . .	0 fr.	130
Mouvement et service commercial. . .	0	888
Matériel et traction.	1	095
Entretien et surveillance de la voie. . .	0	486
Total. . .	2 fr.	600

Au chemin de fer de Lyon, la charge moyenne d'un train est de 138 tonnes. La dépense d'un train de marchandises étant de 2 fr. 60 par kilom., le prix de la tonne par kilom. ressort à 0 fr. 019. Mais, ainsi que pour le Nord, il n'est rien compté dans ce chiffre pour l'intérêt et l'amortissement du capital, le service des intérêts actions et obligations. On ne peut évaluer à moins de 0 fr. 035 la part proportionnelle dans ces frais de chaque tonne transportée à 1 kilom. Le prix de revient ne serait donc pas inférieur à 0 fr. 054.

Tel est donc aujourd'hui, d'après les documents fournis par les Compagnies, le prix de revient. On est alors naturellement conduit à se demander comment elles peuvent transporter à des tarifs à 0,035, 0,04, 0.045 ou même 5 c. Par quelle merveilleuse recette, en opérant une grande partie de leurs transports à un chiffre aussi réduit, peuvent-elles, non-seulement couvrir les pertes qu'elles éprouvent de ce chef, mais encore réaliser des bénéfices ? La réponse est facile : c'est par les voyageurs et les tarifs sur les marchandises à 10, 12 et 14 centimes que les Compagnies arrivent à leur fameuse moyenne, qui ne repré-sente rien, si ce n'est la plus odieuse confusion ; manœuvre immorale, dont le résultat final est l'anéantissement de toute concurrence, et par suite le monopole des transports. Nous sa-vons bien, dès aujourd'hui, ce que l'on objectera. Les transports à bas prix, nous dira-t-on, les transports à 0,045, nous pouvons les effectuer sans peine, attendu que les produits sur lesquels nous opérons ainsi ne donnent lieu à aucuns frais de manuten-tion, soit au départ, soit à l'arrivée ; qu'ils n'offrent que peu ou point de chances d'avarie ; que le travail des écritures est pres-que nul pour eux ; et que, par conséquent, ils ne contribuent que pour une part insignifiante à nos frais généraux ; enfin nous obtenons pour ces marchandises des chargements complets et la force utile de nos trains se trouve entièrement utilisée.

Ces observations sont vraies dans une certaine limite et dans un certain temps ; mais, d'une part, qui ignore que le charge-ment et le déchargement des marchandises sont payés en sus des taxes à 10, 12 et 14 c., et qu'ils constituent même pour les Compagnies une opération fort lucrative ; et, d'un autre côté, prétend-t-on faire illusion à ce point au public, et ne lui est-il pas facile de se rendre compte des frais supplémentaires qu'il faut ajouter à ces prétendues économies, s'il sait que ces trans-ports à bon marché exigent un matériel tout spécial (1), ne servant que dans des cas fort rares à d'autres transports, et toujours ramené à vide au point de chargement. Que les Com-pagnies nous disent à combien il faut évaluer les frais d'un train vide ; quant à nous, en attendant la réponse, sans crainte

(1) Au 1er janvier 1858, le Nord, sur 7,694 wagons de toute nature em-ployés au transport des marchandises, comptait 3,580 wagons spéciaux pour la houille et le coke.

d'outrepasser la vérité, nous n'hésiterons pas à fixer ce prix de revient au minimum de 1 fr. 50 par kilomètre. Il faut donc renoncer à toute illusion nouvelle de ce côté.

Le mal existe, il est démontré, assez d'autres avant nous l'ont énergiquement signalé ; mais au moment où, par l'amélioration prochaine annoncée du système navigable, la batellerie va se trouver mise en demeure d'affirmer son existence et ses moyens d'action, il serait injuste pour elle et contraire aux intérêts publics de ne pas faire des deux systèmes une loyale expérience. Le corollaire immédiat des grands travaux que l'Etat se dispose à entreprendre réside dans un ensemble de mesures qu'il faut vouloir adopter et savoir appliquer, quelques récriminations qu'elles puissent soulever des parties intéressées. Il peut et doit ramener à son véritable but l'industrie des transports par chemins de fer.

L'Etat a fait naître et propagé ces merveilleuses voies de communication ; depuis leur inauguration en France, au milieu des commotions politiques et des défaillances des compagnies, lui seul, l'œil fixé sur le but, sans se préoccuper plus ou moins des questions de produit ou de rendement, il a, avec une foi profonde, poussé sans relâche à l'accomplissement de ce qu'il sentait devoir aux besoins du pays. Le temps n'est pas encore fort éloigné de nous où les meilleures lignes n'étaient acceptées qu'à contre-cœur par les financiers, et où il fut nécessaire, afin d'obtenir leur concours, d'adhérer à des concessions que rien ne motive plus aujourd'hui. Au nom de l'utilité publique et des grands sacrifices dont le programme est dès aujourd'hui publié, l'État, pour sauvegarder nos intérêts et sa responsabilité, doit mettre en œuvre sans retard les moyens énergiques dont il dispose.

Il faut donc que les cahiers des charges soient remaniés de telle sorte qu'il ne soit plus possible aux compagnies d'or-

ganiser le monopole en transportant, dans certains cas, au·
dessous du prix de revient, tandis que là où elles ne sont pas
menacées, elles perçoivent leur plein tarif. Vainement préten-
drait--on qu'en transportant à des prix réduits, les compagnies
rendent encore au pays de nombreux services, le lecteur a pu
voir par ce qui précède que ces services sont toujours payés
par des consommateurs autres que les bénéficiaires naturels de
l'abaissement consenti. Il n'est plus possible d'admettre ce système de cotes mal taillées et de rançonner les uns en favorisant
les autres? Où est en cela la justice, où est l'équité, où est la
raison économique? Nous la chercherions en vain dans les
documents publiés jusqu'à présent par les compagnies.

En conséquence, il faudra, sans perdre de temps, fixer, dans
une certaine latitude, le prix de revient : c'est là le point de
départ. Que l'Etat s'éclaire autant qu'il le voudra de l'expérience des compagnies ; mais que du moins, une fois pour
toutes, ce point important soit décidé. Alors et en toute sûreté
de conscience pour les intérêts engagés, il pourra être procédé
aux dispositions à prendre. Le prix de revient établi et débattu,
on pourra dire aux compagnies : Ou bien votre prix de revient
est de 0 f. 05 c. environ par tonne et par kilomètre, et dans ce
cas il faut renoncer à vos transports à bases égales ou infé·
rieures à ce minimum, et adopter définitivement des tarifs qui
vous assurent une juste rémunération; ou bien, si vos frais de
toute nature sont inférieurs à 0 f. 05 c., maintenez vos transports de peu de valeur au taux que vous avez fixé; mais *à for·
tiori* renoncez alors à ces tarifs exagérés que l'équité réprouve
et que les devoirs publics de l'Etat lui commandent de rapporter. Nous admettons bien, dans une certaine mesure, la tarification des transports suivant l'échelle établie par le cahier des
charges, mais non avec un maximum de 15 c. et un minimum de
0 f. 035 c. à 0 f. 04. Ce que nous vous disons, en raisonnant sur le
prix de revient supposé à 0 f. 05 c., est vrai, quelle que soit la
réalité. Nous ne prétendons pas vous contraindre à cet égard ;
fixons contradictoirement et aussi largement que vous l'enten-

drez, vos frais de toute nature, et nous partirons du résultat de cette recherche pour établir les bases de votre tarif.

Un tel langage tenu aux compagnies ne manquerait pas, certainement, de les embarrasser, car il mettrait à nu le secret du système qui leur a si bien réussi jusqu'à présent. La détermination sérieuse du prix de revient les contraindrait à renoncer aux tarifs de concurrence et légitimerait l'abaissement des séries élevées du tarif.

A cela on ne manquera pas d'opposer la fameuse moyenne de 0,065 à 0,07, mais c'est là précisément ce qu'il faut détruire, parce que c'est de là que naît l'injustice. Vous n'arrivez à cette moyenne que parce que vous avez plus ou moins baissé vos tarifs pour écraser la concurrence. Quant aux intérêts des transporteurs, n'en soyez point en peine : le pays n'a nul besoin de vos tarifs à 4 ou 5 c., il a sous sa main la navigation qui, grâce au ciel, pourra bientôt reprendre son rôle. Que si vous entendez être instruments d'utilité publique, nul n'ira à l'encontre, mais à condition que vous ne prendrez pas 10 c. à une classe de consommateurs pour en rendre 3 à une autre.

Il ne peut pas non plus être question de la liberté de l'industrie. Les chemins de fer ne se targuent sans doute pas du titre d'industrie libre ; ils ont trop souvent pressuré et rançonné les transporteurs au nom du tarif homologué, pour pouvoir élever une semblable prétention.

C'est donc l'État, le créateur et le soutien des Compagnies, qui doit ici prononcer en dernier ressort. S'il juge qu'il n'y a rien à faire, il continuera, comme par le passé, à donner sa sanction à l'oppression organisée. Pas n'est besoin alors de compléter le réseau navigable. Ne voyons-nous pas les plus belles voies de navigation, sinon désertes, du moins presque abandon-

nées. Sans les mesures que nous demandons et qui découlent
de la pensée impériale formulée dans la lettre du 5 janvier, l'industrie batelière pour les transports à bas prix ne revivra
plus, et l'État en sera pour ses dépenses. Nous affirmerons ici,
sans crainte d'être contredit par quiconque a suivi de l'œil et ana-
lysé la concurrence de voies ferrées et de la batellerie, qu'en
l'état où se trouve aujourd'hui cette industrie désorganisée,
découragée et ruinée, les Compagnies de chemins de fer n'en
auront pas pour deux ans avant de l'avoir complétement anéan-
tie, si, avec les moyens dont elles disposent, l'organisation et la
solidarité de leurs forces, elles conservent la dangereuse liberté
de faire des transports à tout prix.

Dans son rapport adressé à l'Empereur le 18 février, S. Exc.
le Ministre de l'agriculture du commerce et des travaux publics, après avoir affirmé « l'importance du rôle que le gouvernement entend réserver à la navigation dans le mouvement
commercial de la France, » annonce la suppression des tarifs
d'abonnement, et ajoute : « La libre concurrence reste donc
» ouverte à la navigation. Le gouvernement s'efforcera de
» perfectionner les voies de communication qui lui sont ou-
» vertes, et s'attachera à établir dans les tarifs une juste pon-
» dération. La batellerie devra, de son côté, améliorer ses pro-
» cédés, modifier des habitudes anciennes qui ne sont plus en
» rapport avec les besoins actuels du commerce et développer
» tous les éléments d'activité qu'elle possède. »

En rendant grâces au gouvernement de ses dispositions, nous
devons lui dire que les mesures qu'il considère comme satis-
faisantes ne seront pas encore assez efficaces. La suppression
des tarifs d'abonnement a, il est vrai, rendu plus facile la tâche
de l'industrie privée ; mais, dans la situation de la batellerie
sans organisation, sans garanties, en proie à l'anarchie, com-
battue par des concurrences déloyales et des armes ténébreuses,
et surtout en l'état actuel des voies navigables, il serait à crain-

dre qu'elle ne pût prendre le rôle auquel l'administration semble la convier, en supposant même que les réductions de droit sur les canaux, au sujet desquelles l'administration ne s'est pas encore expliquée, fussent aussi larges qu'il est possible de le souhaiter.

Ainsi donc, examen sévère des tarifs des Compagnies de chemins de fer et interdiction absolue de tout ce qui peut ressembler à des prix inférieurs au prix de revient ; dans ces limites, liberté complète sous le contrôle de l'État ; prix de revient, sérieusement déterminé, servant de base aux nouveaux cahiers des charges pour fixer au moins le maximum et le minimum des prix à appliquer : c'est par ces moyens et ces moyens seuls que seront écartés les dangers du monopole. La batellerie, reprenant son rôle, saura suppléer les voies ferrées en tout ce qu'elles offrent de défectueux, et par le puissant aiguillon de l'intérêt privé, elle pourra perpétuellement tenir en haleine l'industrie concurrente. De la sorte, ces deux magnifiques industries, se faisant équilibre l'une à l'autre, concourront à la grandeur et à la prospérité du pays. Enfin, par ce moyen, les Compagnies elles-mêmes seront mises à l'abri de leurs propres excès ; car, dans la théorie actuelle de l'écartement de toute concurrence, on ne sait, sur certains parcours, quelle devrait être la mesure des réductions, si elles prétendaient abaisser leurs tarifs au niveau de ceux de la batellerie.

Dans tout cela, il faut le reconnaître, les Compagnies sont destinées à perdre, ou du moins à rendre à la navigation l'excédant de leur trafic ; leurs recettes diminueront, et, par des sacrifices graduels, dont la rigueur pourra être atténuée, elles s'habitueront à comprendre que, dans l'économie de toute Société fonctionnant avec régularité et précision, l'usage des voies de transport doit, autant que possible, se rapprocher de la gratuité.

Sans doute des intérêts privés considérables seront atteints et lésés, mais il n'en faut accuser que l'inexorable destin, et la situation artificielle que la coalition des compagnies était parvenue à substituer au cours normal des choses. La responsabilité ne saurait eu remonter jusqu'au gouvernement, il n'est ni devin ni prophète. De même qu'il n'a pas assisté sans s'émouvoir aux orgies du dividende et de la spéculation, de même il saura refréner d'une main ferme la cupidité alarmée. Ce qui arrive aujourd'hui, ce qui arrivera demain, il ne saurait l'empêcher ni y mettre obstacle, il est le procureur né de tout progrès et de toute amélioration. Afin de ne pas dénier le progrès à tous et la justice à qui elle est due, il pourra garantir le minimum d'intérêt à 4 1/2, et dès lors le dernier jour des Compagnies se sera levé à l'horizon.

De même que les passions politiques, les intérêts sont aveugles. Le régime le plus favorable aux intérêts généraux doit souvent être devancé par la dictature afin de restaurer l'ordre aussi bien dans les voies économiques que dans les rues. Quand l'administration aura réglementé, ainsi que les circonstances l'exigent, le pouvoir aujourd'hui arbitraire et sans frein des Compagnies; alors après que sous sa protection le contre-poids de cette force anormale aura été créé et régularisé entre les mains de la batellerie, que le réseau des voies navigables achevé et harmonisé, permettra d'organiser le système complet des transports par eau; alors, sans crainte de voir les intérêts publics compromis, l'Etat pourra donner aux chemins de fer la liberté absolue pour la tarification des transports, car il aura dès lors assuré la sécurité, l'équilibre et la garantie de tous les intérêts.

Paris.—Imp. française et anglaise de E. Brière, rue Saint-Honoré, 257.